Impressum

HEEL Verlag GmbH
Gut Pottscheidt
53639 Königswinter
Tel.: 02223 9230-0
Fax: 02223 9230-13
E-Mail: info@heel-verlag.de
Internet: www.heel-verlag.de

Coverfoto: Philipp Hympendahl
Fotos: Philipp Hympendahl, Christine Birnbaum Seite 1, 8, 11, 15 unten, 21, 22, 27, 29, 31, 33, 35
Projektleitung: Christine Birnbaum
Gestaltung: Christine Mertens

Wir bedanken uns bei yourbeef Der Fleischversand für Kenner für die tolle Unterstützung.

Printed in Poland

ISBN 978-3-96664-018-3

Fabian Beck | Giuseppe Messina | Rob Reinkemeyer | Stephan Stohl

DAS KLEINE KERAMIK GRILL BUCH

HEEL

INHALT

WILD RIND SCHWEIN GEFLÜGEL VEGETARISCH DESSERT

KAKATO

VORWORT

In den letzten Jahren haben sich immer mehr Gärten und Terrassen signifikant verändert. Dort, wo schwarze Blechbüchsen in mehr oder minder solider Qualität und mit verwechselbarem Antlitz die Rolle des Protagonisten beim Grillabend innehatten, sieht man inzwischen immer öfter die sogenannten Kamados, bekannt auch unter der Bezeichnung Keramikgrill. Fürs Auge – das sei vorweg gesagt – schon mal ein ungemeiner Gewinn, denn diese bulligen Eier taugen in der Zeit, in denen man nicht mit ihnen grillt, smokt, räuchert oder backt, auch als veritable Gartenskulptur. Sie sind ganz einfach schön anzusehen.
Aber die Eleganz ist nicht das vordergründige Argument für die Anschaffung eines Grillgeräts, dies liegt dann doch in den Anwendungsmöglichkeiten. Und die sind beim Keramikgrill überaus vielfältig. Aber wo so viel Potential auf vergleichsweise wenig Raum vereint ist, bedarf es meist eines Briefings, damit das Ergebnis auch das einhält, was der Gaumen sich vorstellt.

Genau dazu dient dieses kleine Buch: Es soll eine Einführung sein in die Möglichkeiten und Techniken des Keramikgrills, die Basics erklären, das Handling erläutern und erleichtern, den noch Unentschlossenen bei der Entscheidung helfen, ob der Kamado überhaupt das richtige Gerät ist und natürlich einige Rezepte liefern, die sich wunderbar zur Zubereitung auf dem High-End-Grill eignen.

Die Auswahl der Rezepte spannt sich von einfachen bis zu anspruchsvolleren und ambitionierten, es ist also für jeden etwas dabei. Und auch, wenn die aufwändigeren Rezepte auf den ersten Blick noch etwas schwierig klingen mögen – wer das Prinzip und die Funktionsweise des Keramikgrills verstanden hat, wird auch diese vermeintlichen Hürden im Handumdrehen meistern.

Die Modelle der verschiedenen Anbieter unterscheiden sich zwar etwas, das Prinzip und die Funktionsweise des Grills sind jedoch überall gleich. Kein Wunder, denn die Ursprünge des Kamados sind schätzungsweise 3.000 Jahre alt. Zugegeben: In der Zwischenzeit ist die eine oder andere Verbesserung dazugekommen, aber das Urmodell kann auf eine sehr lange Geschichte zurückblicken.

Also: Keine Sorge, es sieht schwieriger aus, als es ist. Einfach ein bisschen Einlesen und danach Ausprobieren. Und damit das Ausprobieren möglichst von schnellen Erfolgen gekrönt ist, sind den zweifelsohne etwas ambitionierteren Rezepten der ultimativen Keramikgrill-Spezialisten Fabian Beck, Giuseppe Messina, Rob Reinkemeyer und Stephan Stohl noch ein paar einfache vorangestellt. Wer es geschafft hat, den Grill auf Touren zu bringen, wird hier auch schon im ersten Anlauf aufs Siegertreppchen steigen.

TECHNIK

DER KERAMIKGRILL – KEIN BUCH MIT SIEBEN SIEGELN

Der eine für alles – so könnte man die Einsatzmöglichkeiten eines Keramikgrills in aller Kürze zusammenfassen. Man kann ihn zum Grillen, Smoken, Räuchern, Dörren, Backen und Wokken nutzen. Kein Wunder, dass er auch gerne mal als kleine Außenküche bezeichnet wird. Aber es ist im Grunde keine Übertreibung: Wer sich nicht daran stört, dass es ein bisschen dauert, bis die Kohle einsatzbereit ist, der kann seine Küche getrost untervermieten.

ZUM BESSEREN VERSTÄNDNIS – DIE DREI ARTEN DER HITZE

Dass der Keramikgrill ein solcher Tausendsassa ist, hängt mit dem Umstand zusammen, dass hier drei unterschiedliche Formen von Hitze genutzt werden können, Strahlungs- und Kontakthitze und die Wärme, die durch Konvektion entsteht.

Die Strahlungshitze ist diejenige, die von der entzündeten Holzkohle ausgeht. Sie ist umso größer, je geringer der Abstand zwischen Hitzequelle und Grillgut ist. Außerdem sollte der Deckel geschlossen sein, denn damit bleibt die Temperatur zwischen Hitzequelle und Grillgut konstant.

Von Kontakthitze sprechen wir, wenn das Grillgut direkt mit einem heißen Material, wie beispielsweise dem Grillrost oder einem Pizzastein, in Berührung kommt. Hier macht man sich auch die unterschiedliche Leitungseigenschaft der beiden Materialien zunutze. Das Metall speichert die Hitze schlechter als die Keramik, gibt sie also schneller ab, wodurch sehr rasch das gewünschte Branding am Grillgut entsteht. Keramik speichert die Hitze länger und gibt sie langsamer ab, wodurch zum Beispiel ein Brot nicht direkt verbrennt, sondern einen knusprigen Boden, aber auch eine rösche Kruste bekommt.

Der dritte Faktor, die Konvektion, ist mit dafür verantwortlich, dass das Grillen mit dem Keramikgrill so einzigartig ist. Hierunter versteht man die Wärmeübertragung durch heiße Luft, die im Keramikgrill zirkuliert – sofern der Deckel geschlossen ist. Sie führt auch dazu, dass die Feuchtigkeit aus dem Grillgut verdampft und dieser Dampf dann verteilt wird und das Grillgut rundum gleichmäßig gart. Die Feuchtigkeit aus dem Grillgut wird ihm quasi wieder zugeführt und sorgt dafür, dass es nicht trocken wird. Zudem strahlt auch noch die im Deckel gespeicherte Hitze ab und befördert damit ebenfalls den Garprozess.

DER WEG ZUR GLUT

HOLZKOHLE ODER BRIKETTS

Im Keramikgrill sollte immer Holzkohle verwendet werden. Sie brennt schnell und heiß und lässt sich gut regulieren.

Holzkohle besteht fast vollständig aus Kohlenstoff, brennt damit sauber ab und hinterlässt kaum Asche. Briketts werden aus unterschiedlichen Materialien hergestellt, meist aus Kokosschalen oder Holz, die verkohlen, dann vermahlen und danach unter Zugabe eines Bindemittels, meist Stärke, gepresst werden.

DIE RICHTIGE WAHL

Wer in einen Keramikgrill investiert, sollte bei der Holzkohle nicht mit dem Sparen anfangen, denn dann ist der Spaß zu Ende, bevor er begonnen hat. Für die Nutzung im Kamado darf die Kohle nicht zu feinstückig sein, sonst verstopft sie den Grill und er kommt nicht auf Temperatur. Ist sie zu grob, dann ist die optimale Füllung des Kohlekorbes nicht gewährleistet. Ideal ist eine Stücklung von 4–12 cm.

Qualitätsholzkohle besteht überwiegend aus Hartholz und ist gleichmäßig carbonisiert

ANZÜNDEN

Anzünden mit heißer Luft: Der Looftlighter

Der Looftlighter in Aktion

Es wird langsam heiß

Zum Anzünden dürfen keine rußenden oder gar flüssigen Anzünder verwendet werden, denn das Innenleben des Keramikgrills besteht aus offenporiger Keramik. Anzünder auf Petrolbasis sind deshalb tabu, stattdessen nutzt man am besten entweder Anzünder auf natürlicher Holzbasis oder man entzündet die Kohle mit heißer Luft, beispielsweise mit dem Looftlighter, mit dem die Kohlen mit ca. 600 °C heißer Luft in wenigen Minuten entzündet sind – und das völlig rückstandsfrei. Da der Aufbau des Keramikgrills im Grunde dem eines Anzündkamins sehr ähnelt, genügt normalerweise ein Glutnest, um in kurzer Zeit die gesamte Holzkohle zum Glühen zu bringen.

EINREGELN DER TEMPERATUR

Das Einregeln des Grills ist ganz einfach. Sobald die erforderliche Temperatur erreicht ist, schließt man die Zuluftsteuerung/Öffnung zur Entnahme der Asche bis auf einen Spalt. Die Breite des Spaltes hängt von der gewünschten Zieltemperatur ab. Bei einer niedrigen Zieltemperatur bleiben beide Öffnungen nur wenige Millimeter geöffnet, ist dagegen eine höhere bis hohe Zieltemperatur erforderlich, sollte der Spalt zwischen 1 und 3 cm offen sein.

Damit der Grill Temperatur bekommt, öffnet man die beiden Zuluftsteuerungen zunächst komplett

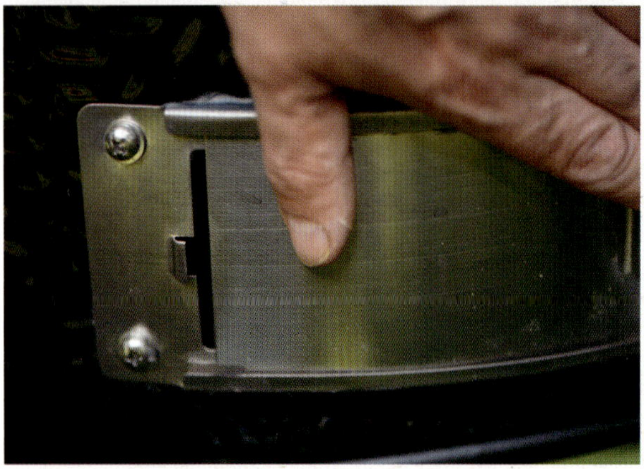

Diese Einstellung benötigt man für eine niedrige Zieltemperatur

Die Feinjustierung erfolgt über die Öffnung der Zuluft- und Abluftsteuerung im Gussdeckel.

Je weiter sie offen ist, desto mehr Sauerstoff gelangt in den Grill und damit an die Kohle und entsprechend höher wird die Temperatur.

Die Keramik speichert die Wärme sehr lange, deshalb muss für das Absenken der Temperatur genügend Zeit eingeplant werden. Gerade beim Arbeiten mit niedrigen Temperaturen muss man darauf achten, dass die Anfangstemperatur nicht zu hoch steigt, denn das Herunterregeln benötigt Zeit – und unnötig Kohle. Als groben Richtwert sollte man die Temperatur am besten auf ca. 20 °C über der Zieltemperatur steigen lassen und dann mit dem Aufbau des Grills für die entsprechende Garmethode beginnen.

Alles, was noch eingesetzt wird – Deflektorstein, Rost, Rosterhöhung, aber auch das kalte Grillgut – zieht die Temperatur dann in Richtung der gewünschten Temperatur herunter. Jetzt ist der richtige Zeitpunkt, sich um die Einstellung der exakten Temperatur zu kümmern.

AUFBAU DER KOMPONENTEN

Für die verschiedenen möglichen Garmethoden braucht man verschiedene Aufbauten der Grillkomponenten.

DIREKTES GRILLEN:

Für das direkte Grillen benötigt man keine Deflektorplatte, das Grillgut wird direkt über der Glut zubereitet. Hier kann man mit verschiedenen Grillrosten arbeiten (Edelstahl oder Guss) und durch das Einsetzen einer 2. Ebene den Abstand zur Glut variieren. Auf dieser lässt sich mit dem Warmhalterost dann noch eine 3. Ebene aufbauen, womit man die Grillfläche noch einmal erweitern kann.

Aufbau zum direkten Grillen, nur die 1. Ebene

Aufbau zum direkten Grillen, mit Gussrost

INDIREKTES GRILLEN:

Einlegen des geteilten Deflektorsteins

Fettauffangschale, bzw. Wasserschale

Der Aufbau für das indirekte Grillen entspricht derjenigen zum direkten Grillen, nur dass hier noch der Deflektorstein eingelegt wird. Damit wird das Grillgut vor der direkten Hitze der Glut geschützt. Bei diesem Aufbau arbeitet der Keramikgrill wie ein Steinbackofen. Die Infrarot-Strahlungswärme des mineralischen Speichers gart hier besonders schonend.

Am besten arbeitet man hier mit der 2. Ebene und setzt auf den direkt über dem Deflektor positionierten Rost eine Fettauffangschale. Diese kann mit Wasser gefüllt werden, um einen Fettbrand zu verhindern, wenn die Temperatur später hochgeregelt wird, um z. B. eine Kruste zu erzeugen. Natürlich kann man anstelle von Wasser auch Wein oder eine andere aromatisierte Flüssigkeit in die Schale geben.

AUFBAU DER DREI EBENEN, INKLUSIVE WARMHALTEROST, JEDOCH OHNE FETTAUFFANGSCHALE

DIREKTES UND INDIREKTES GRILLEN IN KOMBINATION

Gerade, wenn man Kurzgebratenem im direkten Bereich bei hoher Hitze ordentlich Röstaromen zuführt, ist es wichtig, einen indirekten Bereich zu haben, wo das Grillgut auf die gewünschte Kerntemperatur ziehen kann. Beim Rückwärtsgrillen funktioniert es genau umgekehrt. Hierzu kann man auf die eine Hälfte eine Deflektorplatte legen und kombiniert damit direktes und indirektes Grillen. Wählt man diese Variante, kann man im Kohlekorb den Teiler einlegen und nur diejenige Seite mit Kohle füllen, die man fürs direkte Grillen nutzen möchte.

Anhand der Explosionszeichnung kann man sehr gut erkennen, wie das Innenleben eines Keramikgrills aussieht – hier am Beispiel des Monolith

Ebenfalls von Monolith kommt eine sehr komfortable Neuerung. Man kann mit halben Rosten auf insgesamt 4 Ebenen grillen – gleichzeitig direkt und indirekt.

ZUBEHÖR

ROTISSERIE

Die Keilform der Rotisserie ermöglicht es, Spießbraten, Hähnchen oder Gyros auch bei geschlossenem Deckel zuzubereiten. Der Edelstahl-Drehspieß hält das Grillgut in der optimalen Position und wird durch einen batteriebetriebenen Motor über der Glut gedreht.

Wer möchte, kann anstelle des großen Drehspießes auch bis zu 7 kleinere Spieße nutzen, die gleichzeitig gedreht werden. Hiermit kann man zum Beispiel Schaschlik, Gemüse oder Kebab zubereiten.

WOK

Wer gerne asiatisch isst, kann mit dem Wok inklusive Wokhalter die perfekten asiatischen Gerichte zaubern. Der Wokhalter wird direkt auf den Feuerring aufgelegt, womit die Hitze sich auf einen im Durchmesser etwa 20 cm großen Bereich fokussiert. Damit ist es möglich, bei sehr hoher Hitze Gemüse im Wok knackig zu garen oder Fleisch Röstaromen zu geben. Beim Arbeiten mit dem Wok wird gewöhnlich kein Deflektorstein verwendet.

PLANCHA ODER GUSSPLATTE

Obwohl die Gussplatte dem Original der Plancha nur ähnlich ist, werden beide Begriffe oft synonym verwendet. Auf der Gussplatte können etliche Produkte gegrillt werden, die man auf dem Rost nicht zubereiten könnte. Gerade kleinere Fleischstücke, Fisch, Meeresfrüchte oder Gemüse gelingen hier ganz problemlos. Wichtig ist allerdings, dass die Gussplatte gut eingebrannt ist, dann bleibt auch nichts haften. Je nach Hersteller hat die Plancha zwei unterschiedliche Oberflächen – eine glatte und eine gerillte, mit der man zum Beispiel Burgern oder Hähnchenkeulen ein Grillbranding geben kann.

Normalerweise nutzt man die Plancha ohne den Deflektorstein, man kann allerdings auch etwas variieren und durch den Einsatz eines halben Deflektorsteins zwei unterschiedliche Hitzezonen auf der Plancha einrichten. Dadurch entstehen zwei verschiedene Temperaturbereiche. Je nachdem, welche Hitze man benötigt, stellt man die Plancha auf die 1. oder die 2. Ebene.

REZEPTE FÜR EINSTEIGER

Sie sind unkompliziert und erleichtern den Einstieg

FLAT IRON MIT KARAMELLISIERTEN TOMATEN

2 PERSONEN

1 Flat Iron
Olivenöl
Fleur de Sel
fermentierter schwarzer Pfeffer, grob zerstoßen

etwa 15 Kirschtomaten
2–3 EL Puderzucker
Fleur de Sel
frisch gemahlener schwarzer Pfeffer nach Wahl, z. B. Voatsiperifery
etwas Balsamico

Das Fleisch etwa eine halbe Stunde vor der Zubereitung aus dem Kühlschrank nehmen, damit es Temperatur annehmen kann. Den Grill in der Zwischenzeit auf direktes/indirektes Grillen vorbereiten und auf etwa 230–250 °C einregeln.

Das Fleisch dünn mit Olivenöl bestreichen und in den direkten Bereich des Grills legen. Nach etwa 1,5 Minuten um 90 Grad drehen, dann bekommt es das typische Grillmuster. Danach wenden und für die andere Seite genauso vorgehen. Sobald das Steak auf beiden Seiten kräftig angegrillt ist, in den indirekten Bereich legen und auf die gewünschte Kerntemperatur ziehen lassen. Bei 54 °C ist es medium rare.

Vom Grill nehmen und etwas ruhen lassen.

Parallel mit der Zubereitung der Tomaten beginnen. Hierfür eine nicht zu große Grillpfanne, am besten aus Guss, in den indirekten Bereich stellen und den Puderzucker darin zum Schmelzen bringen. Die Tomaten im flüssigen Zucker rundum benetzen und danach schmoren lassen. Wenn sie die gewünschte Konsistenz haben, mit etwas Balsamico ablöschen und mit Pfeffer und Salz würzen.

Das Flank in Tranchen schneiden und dabei darauf achten, dass dies gegen die Faser geschieht. Das Fleisch salzen und mit zerstoßenem fermentiertem Pfeffer bestreuen und die karamellisierten Tomaten dazu servieren.

RINDERFILET IM BACON-MANTEL MIT ZIEGENKÄSE

2 PERSONEN

2 Rinderfilets à 130–160 g
2–4 Scheiben Bacon
Fleur de Sel
Olivenöl
frisch gemahlener schwarzer Pfeffer, z. B. Sansibar Pfeffer
Küchengarn

2 Handvoll Rucola
weißer Balsamico
etwas Zitronensaft
Olivenöl
Salz
frisch gemahlener schwarzer Pfeffer

½ Ziegenkäserolle, ca. 80 g
Olivenöl
etwas flüssiger Honig

Das Fleisch etwa eine halbe Stunde vor der Zubereitung aus dem Kühlschrank nehmen, damit es Temperatur annehmen kann. Den Grill in der Zwischenzeit auf direktes/indirektes Grillen vorbereiten und auf etwa 200–220 °C einregeln.

Die Filets mit je 1–2 Scheiben Bacon umwickeln. Wenn der Bacon etwas länger ist, genügt eine Scheibe, um das Fleisch zu umschließen. Mit Küchengarn fixieren. Das Fleisch sehr dünn mit Olivenöl bestreichen und im direkten Bereich des Grills platzieren. Nach etwa einer Minute wenden und die andere Seite ebenfalls circa eine Minute grillen, danach in den indirekten Bereich legen und auf die gewünschte Kerntemperatur ziehen lassen. Empfehlenswert sind 54 °C – medium rare. Das Fleisch vom Grill nehmen und etwas ruhen lassen.

Aus Balsamico, Zitronensaft, Olivenöl, Salz und Pfeffer eine Salatmarinade herstellen und über den Rucola geben.

Den Ziegenkäse in vier gleich breite Scheiben schneiden, etwas Olivenöl auf eine Grillplatte oder Plancha geben und den Käse von beiden Seiten scharf angrillen.

Den Salat auf zwei Teller verteilen, die Marinade daraufgeben, den Ziegenkäse anlegen und ein paar Tropfen Honig auf dem Käse verteilen. Das Fleisch neben dem Salat und dem Ziegenkäse anrichten.

Fleur de Sel und Sansibar Pfeffer aufs Fleisch geben.

RUMPSTEAK REVERSE MIT FENCHELSALAT

2 PERSONEN

2 Rumpsteaks
Olivenöl
Fleur de Sel
frisch gemahlener schwarzer Pfeffer

1 mittelgroße Fenchelknolle
1 Orange
weißer Balsamico
Olivenöl
Pfeffer
Salz
Ahornsirup

Das Fleisch etwa eine halbe Stunde vor der Zubereitung aus dem Kühlschrank nehmen, damit es Temperatur annehmen kann. Den Grill in der Zwischenzeit auf direktes/indirektes Grillen vorbereiten und auf etwa 230–250 °C einregeln.

Das Fleisch dünn mit Olivenöl einreiben. Da es „rückwärts" gegrillt wird, kommt es zunächst in den indirekten Bereich. Dort gart es bis knapp unter die gewünschte Kerntemperatur – etwa 2 bis 3 Grad weniger. Danach im direkten Bereich auf beiden Seiten mit einem schönen Branding versehen. Kerntemperatur prüfen und Fleisch herunternehmen, sobald sie erreicht ist. Das Steak vor dem Servieren etwas ruhen lassen. Salzen & pfeffern.

Für den Fenchelsalat die Knolle längs halbieren, den Strunk so gut wie möglich herausholen und beide Hälften sehr fein hobeln und auf einer Platte verteilen. Das Grün zur Seite legen. Die Orange filettieren und aus dem verbleibenden Rest den Saft ausdrücken und auffangen. Den Orangensaft mit Balsamico, Olivenöl, Pfeffer, Salz und etwas Ahornsirup zu einem Dressing vermengen. Die Orangenfilets auf dem Fenchel verteilen, das Fenchelgrün klein hacken und ebenfalls daraufgeben und zum Schluss das Dressing darüber verteilen.

PAK CHOI MIT PANIERTEM SCHAFSKÄSE

2 PERSONEN

2 Pak Choi
Olivenöl
Pinienkerne
½ Knoblauchzehe
weißer Balsamico
Pfeffer
Salz
etwas Zitronensaft

200 g Schafskäse
Semmelbrösel
1 Ei
Oregano
Thymian
Pfeffer
Salz

Den Grill auf direktes Grillen bei etwa 200 °C vorbereiten.

Das Gemüse der Länge nach teilen und den Strunk entfernen. Dabei nicht den kompletten Strunk rausschneiden, er sollte die Blätter gerade noch zusammenhalten. Die Schnittseiten dünn mit Olivenöl bestreichen und den Pak Choi mit der geölten Seite auf den Rost legen. Nach ein paar Minuten wenden und so lange auf dem Rost lassen, bis er etwas weich geworden ist, aber noch ordentlich Biss hat.

In einer Gusspfanne ohne Fett die Pinienkerne anrösten und zur Seite stellen. Aus Olivenöl, sehr fein gehacktem Knoblauch, Balsamico, Pfeffer, Salz und Zitronensaft ein Dressing zubereiten.

Den Schafskäse diagonal teilen, rundum etwas mit Oregano und Thymian bestreuen und die Gewürze leicht festdrücken, das Ei in einem tiefen Teller verquirlen, etwas salzen und pfeffern, die Semmelbrösel in einem zweiten tiefen Teller verteilen. Den Schafskäse erst im Ei wenden, danach in den Semmelbröseln und auf einer Grillplatte, Plancha oder in einer Gusspfanne in Olivenöl rundum braten.

Den Pak Choi zusammen mit dem Schafskäse auf einem Teller anrichten, das Gemüse mit dem Dressing beträufeln und die Pinienkerne darüberstreuen.

GEGRILLTER BLUMENKOHL UND KRÄUTERSEITLINGE MIT LIMETTEN-AIOLI

1 kleiner Blumenkohl
Saft 1 Zitrone
25–30 ml Olivenöl
Salz
1 TL Thymian-Blättchen, frisch abgezupft
frisch gemahlener schwarzer Pfeffer, z. B. Tellicherry

3 Knoblauchzehen
1 TL Salz
1 Eigelb, Zimmertemperatur
1 TL nicht zu scharfer Senf
Saft ½ Limette
100 ml neutrales Öl
Salz und Pfeffer zum Abschmecken

4 Kräuterseitlinge
2 Knoblauchzehen
2 EL grob gehackte Petersilie
Fleur de Sel
frisch gemahlener schwarzer Pfeffer
etwas Olivenöl, zum Anbraten

2 PERSONEN

Den Grill auf direktes/indirektes Grillen vorbereiten und auf etwa 230–250 °C einregeln.

Den Blumenkohl putzen und in gleichmäßige, ca. 2 cm breite Scheiben schneiden. Den Zitronensaft, das Olivenöl, den Thymian, Salz und Pfeffer miteinander vermischen. Den Blumenkohl mit dem Dressing einstreichen und danach für etwa 15 Minuten in den indirekten Bereich legen. Sobald er weich ist, im direkten Bereich auf beiden Seiten kräftig anrösten.

Für die Limetten-Aioli den Knoblauch in einer Gusspfanne oder auf einer Grillplatte in Olivenöl rundherum anrösten, danach zusammen mit dem Salz zerdrücken und in ein hohes, schmales Gefäß geben. Das Eigelb, den Senf und den Limettensaft zum Knoblauch geben und alles gründlich miteinander verrühren. Jetzt den Mixstab in das Gefäß stellen, den Mixer anstellen und nach und nach in sehr kleinen Mengen das Öl zugeben und den Mixer langsam nach oben ziehen, bis eine Emulsion entstanden ist. Mit Salz und Pfeffer abschmecken.

Die Kräuterseitlinge der Länge nach in Scheiben schneiden. Die Knoblauchzehen schälen und ebenfalls der Länge nach halbieren. Das Olivenöl auf der Grillplatte oder in der Pfanne erhitzen, die Knoblauchhälften hineingeben und anbraten. Die Pilzscheiben ebenfalls anbraten, etwas im Knoblauch wenden und zum Schluss mit der gehackten Petersilie bestreuen, pfeffern und salzen.

Die Pilze mit der Aioli zum Blumenkohl reichen.

Stephan Stohl
Fabian Beck
Rob Reinkemeyer
Giuseppe Messina

REZEPTE
FÜR
FORTGESCHRITTENE

Viel Spass mit den Rezepten von Fabian, Giuseppe, Rob und Stephan

TAFELSPITZ MIT BALSAMICO-LINSEN

6–8 PERSONEN

GIUSEPPE MESSINA

1 Tafelspitz vom Rind, ca. 1,6 kg

2 EL Olivenöl

250 g umbrische Berglinsen

40 g Zwiebelwürfel

40 g Karottenwürfel

40 g Selleriewürfel

50 g Lauch, in Ringe geschnitten

50 ml weißer Portwein

1 EL Balsamico (Tipp: besonders gut schmeckt Kirschbalsamico)

Salz und Pfeffer

Kirschholz-Pellets

Den Tafelspitz vakuumieren und bei 54 °C für 26 Stunden im Sous-vide vorgaren. Danach aus dem Beutel nehmen und trocknen. Auf dem Monolith mit Kirschrauch 20 Minuten bei 80 °C räuchern.

Die Linsen nach Packungsbeilage kochen, abgießen, in ein Mehl- oder Edelstahlsieb geben und im Monolith 10 Minuten lang bei 80 °C mit Kirschholz-Pellets räuchern. Einen Topf aufsetzen und das geschnittene Gemüse darin anschwitzen, dann die Linsen zugeben, mit Portwein ablöschen und 1 EL Balsamico zugeben und mit Salz und Pfeffer würzen.

Den Tafelspitz dünn aufschneiden und mit den Linsen servieren.

RINDER-RIBS MIT COLA UND ZIMT

6–8 PERSONEN

2 kg Rinder-Ribs

Salz, Pfeffer, Zucker und Paprikapulver

500 ml 5%-ige Salzlake

Für die BBQ Cola-Zimt-Sauce

2 Zwiebeln

3 EL Olivenöl

200 g Zucker

Salz und Pfeffer

2 Zimtstangen

1 l Cola

2 EL Tomatenmark

200 g Ketchup

Speisestärke

Die Salzlake in die Zwischenräume der Knochen spritzen. Dann mit Salz, Pfeffer, Zucker und dem Paprikapulver einreiben.

Den Grill eine Stunde vorher anheizen und auf 120 °C einregeln. Ich schütte ca. 2,5 kg Holzkohle in den Innenraum, entzünde sie, verschließe den Deckel, lasse jedoch alle Öffnungen offen. Die Temperatur im Grill kann dann schon mal auf 250 °C ansteigen … Dann lege ich den Deflektorstein hinein und stelle darauf eine Schale mit Wasser. Diese bewirkt, dass im Innenraum etwas Feuchtigkeit eingebracht wird, wodurch man einem eventuellen Fettbrand vorbeugen kann. Danach wird der Rost eingelegt und eine Rosterhöhung, damit die Ribs etwas Abstand zur Wassersäule haben. Nur aufpassen, dass das Gargut nicht zu weit nach außen liegt, da kann es leicht etwas zu dunkel werden. Je nach Fleischqualität kann man als Garzeit für die Ribs 5 bis 6 Stunden einplanen.

Für die Sauce die Zwiebeln in Würfel schneiden und mit dem Öl in einem Topf anschwitzen. Den Zucker dazugeben und karamellisieren lassen (jedoch nicht zu dunkel, sonst wird es bitter). Mit der Cola ablöschen und das Tomatenmark, den Tomatenketchup und die Zimtstangen hinzugebend. Ca. eine Stunde köcheln lassen. Wenn es zu weit einreduziert, einfach etwas Cola nachgießen. Falls die Konsistenz zu flüssig ist, etwas mit etwas Speisestärke abbinden.

Die Sauce mindestens eine Stunde vor Ende der Garzeit auf die Ribs auftragen, damit der Zucker noch etwas karamellisieren kann, dann schmecken die Ribs besonders lecker.

ZUR HERSTELLUNG DER SALZLAKE PRO 100 ML WASSER 5 G SALZ BEIMISCHEN UND AUFLÖSEN.

KALBSHAXEN MIT WÜRZÖL

4–6 PERSONEN

1 Kalbshaxe

50 g Salz

Pfeffer, Kümmel, Thymian und Paprikapulver

Für das Würzöl

2 Knollen Knoblauch

1 Bund Blattpetersilie

3 Zitronen

200 ml Olivenöl

HAXEN

Für die Kalbshaxe eine 5 % Salzlake herstellen. Wir vermischen 1 Liter Wasser mit 50 g Salz. Dann spritzen wir die Lake in die Kalbshaxe. Die restlichen Gewürze über die Kalbshaxe streuen und gut einreiben. Bei ca. 110 °C indirekt (am besten noch eine Wasserschale drunter) garen. Die Garzeit kann hier schon um die 6 Stunden betragen. Ab und an jedoch die Wasserschale kontrollieren und Flüssigkeit nachfüllen. Als Flüssigkeit verwende ich oft Rotwein mit vielen Kräutern.

WÜRZÖL

Die Zitronenschale mit einem Hobel fein abreiben. Den Knoblauch und die Blattpetersilie sehr fein schneiden. Mit dem Olivenöl und dem Zitronenabrieb vermischen. Mit einem Löffel über die fertige Kalbshaxe geben.

STEPHAN STOHL

REH-STEAKS MIT BOHNEN-GEMÜSE AUS DEM WOK

4 PERSONEN

Für die Steaks

600 g Steaks aus der Rehkeule, z. B. Hüfte und Oberschale

1 Rosmarinzweig

Olivenöl

Fleur de Sel

Pfeffer aus der Mühle

Für die Bohnen

200 g Bohnen

250 g Dicke Bohnen

Meersalz

2 Karotten

2 Petersilienwurzeln

1 rote Zwiebel

1 rote Paprika

2 weiße Spargelstangen

2 frische Lorbeerblätter

2 Stängel Estragon

2 EL Erdnussöl

20 g Butter

1 EL Wild-Demi-Glace oder Kalbs-Demi-Glace

feines Meersalz

Die Bohnen putzen und die Dicken Bohnen schälen. Beides kurz im kochendem Wasser mit reichlich Salz blanchieren, dann im Eiswasser abschrecken. Die Bohnen nicht zu lange kochen, sie kommen ja später noch in den Wok.
Karotten, Petersilienwurzeln, Zwiebel, Paprika, Spargelstangen in 2 Millimeter dünne Scheiben, Streifen und Stifte schneiden.

Das Rehfleisch parieren, das heißt von allen Sehnen und Häutchen befreien. In ca. 150 g große Stücke schneiden. Die Reh-Hüfte lässt man ganz, die Oberschale einmal teilen. Mit dem Küchentuch abtupfen.
Den Grill auf 280 °C Grad aufheizen, einen halben Deflektorstein einlegen und einen Gussrost. Die Fleischstücke mit etwas Öl einreiben und salzen.
Jetzt auf dem Gussrost direkt über der Glut kurz grillen und dabei den Deckel offen halten. Ich drehe die Steaks drei Mal um und lege sie dann auf den Rost über dem Deflektorstein. Hier bis zu einer Kerntemperatur von 55 °C garen. Jetzt die gegrillten Steaks mit Pfeffer würzen und auf den in einer Schale auf den Rosmarinzweig legen und abdecken.

Den Deflektorstein und den Rost aus dem Grill nehmen. Einen Wokhalter einlegen und alle Lüfterklappen öffnen. Und jetzt volle Pulle einheizen! Den Wok auf dem Wokhalter platzieren und richtig aufheizen. Das Erdnussöl in den Wok geben und durch Schwenken leicht verteilen, dann erhitzen. Das geschnittene Gemüse nach und nach in den Wok geben. Ich fange mit Karotten und Petersilienwurzeln an. Danach die Zwiebel- und Paprikastreifen. Dann kommt der Spargel in den Wok und zum Schluss die blanchierten Bohnen und Dicken Bohnen. Jetzt alles salzen. Das Gemüse sollte noch knackig sein, wenn es aus dem Wok kommt. Nun noch die Butter im Gemüse schmelzen lassen und den Estragon dazu geben. Zum Schluss etwas Demi Glase einschwenken. Kräftig mit Pfeffer aus der Mühle würzen.
Das ausgeruhte Fleisch schneiden und auf dem Gemüse anrichten. Mit Kräutern und Fleur de Sel wüzen.

HIRSCHKEULEN-STEAK

6–8 PERSONEN

4 Hirsch- oder Rehsteaks*, 2 cm dick etwas Sojaöl, zum Einpinseln

2 TL Sonnenblumenöl

80 g griechischer Joghurt

Flammen-Karamell-Knuspersalz (z. B. von King of Salt)

frisch gemahlener schwarzer Pfeffer

Lieblings-Grillsauce (ich nehme am liebsten meine „Kakato-Sieben-Pfeffer-Sauce")

Für das Chimichurri

100 g glatte Petersilie, gewaschen und mit Stängeln grob gehackt

20 g eingelegte Zitrone (siehe Rezept Seite xx)

1 Frühlingszwiebel, geputzt und in grobe Ringe geschnitten

2 Knoblauchzehen, geschält und in Scheiben geschnitten

2 g Chiliflocken

10 g frische Thymianblätter

10 g frische Oreganoblätter

100 ml Olivenöl

4 g Salz und frisch gemahlener Pfeffer

frisch gepresster Limettensaft (nach Belieben)

Die Steaks rundherum mit etwas Sojaöl einpinseln, dann mit Flammen-Karamell-Knuspersalz und Pfeffer kräftig würzen. Ich bin ein echter Pfeffer-Junkie, doch ich überlasse es Ihnen, wie viel Pfeffer Sie für ausreichend halten.

Den Keramikgrill auf 250 °C erhitzen.

Für die Chimichurri inzwischen (eigentlich ist es besser, die Sauce bereits am Vortag zuzubereiten, damit sie ihr Aroma voll entfalten kann) in einem großen Mörser alle Zutaten, außer dem Olivenöl, in 1 Minute gründlich zerstoßen, sodass sie eine glückliche Liaison eingehen ...

Nun das Olivenöl (100 ml sollten ausreichend sein, doch die Menge kann variieren, je nachdem, wie sie sich die Sauce lieben – eher als sämiges Pesto oder als flüssigere Vinaigrette; dieses Rezept liegt irgendwo in der Mitte) in feinem Strahl zugießen. Je nach Geschmack noch zusätzlich mit Salz und Pfeffer würzen. Vielleicht können einige Spritzer Limettensaft der Sauce noch einen extra Frischekick geben ...

Die Steaks direkt über der Glut auf einem gusseisernem Grillrost 2 Minuten von jeder Seite grillen, dann die Steaks zur anderen Seite des Grills ohne Glut ziehen. Die Steaks ruhen lassen, bis der Garprozess abgeschlossen ist. Wenn alle 4 Steaks fertig gegart sind, die Ventile schließen. Noch 10 Minuten weitergaren, wenn die Steaks rosa (medium) oder durchgebraten (well done) sein sollen, und 5 Minuten, wenn sie englisch (medium rare) serviert werden. Um den Garprozess besser zu kontrollieren, eine Kerntemperatur von 53 °C für englisch und 56 °C für rosa wählen.

Die perfekt gegarten Steaks großzügig mit Joghurt und Chimichurri anrichten. Genießen Sie das saftige Steak, das zu meinen absoluten Lieblingsschnitten gehört, in seiner ganzen Pracht!

Für die Kebabs

250 g Wildschwein-hackfleisch

250 g Rehhackfleisch

50 g glatte Petersilie, fein gehackt

2 Knoblauchzehen, geschält und zerstoßen

1 Ei

1 kleine Chilischote, fein gehackt

10 g gemahlener Kreuzkümmel

10 g eingelegte Zitrone
15–20 g Meersalz

frisch gemahlener schwarzer Pfeffer

Für die Joghurtsauce

100 g griechischer Joghurt

10 g Tomatenflocken

5 g Chiliflocken

5 g frische Minze, fein gehackt

Granatapfelsirup (Menge nach Belieben)

Salz und frisch gemahlener schwarzer Pfeffer

Für den Salat

150 g grüner Salat, in Streifen geschnitten

2 TL Granatapfelsirup

2 TL Tahin (Sesampaste)

1 Avocado, gewürfelt

WILDSCHWEIN-KEBAB

4–6 PERSONEN

Für den Kebab alle Zutaten in einer großen Schüssel gründlich mischen. Je nach Anlass die entsprechende Zubereitungsweise wählen – individuell geformt für eine kleine Gruppe oder in großer Menge produziert für viele Gäste.

FÜR WENIGE PORTIONEN

Die Hackfleischmasse in einen Spritzbeutel mit 1 cm breiter glatter Tülle füllen und 10 cm lange Würstchen auf ein Backblech o. Ä. spritzen. Leicht flach drücken und im Kühlschrank 1 Stunde ruhen lassen. Die Masse am besten am Vortag vorbereiten und über Nacht abgedeckt im Kühlschrank kühl stellen. So kann sich der Geschmack entfalten und die Masse behält auf dem Grill besser ihre Form.

FÜR EINE GRÖSSERE MENGE

Das Backblech mit Backpapier auslegen und aus der Hackfleischmasse 2 Rechtecke von 20 x 10 cm formen und auf das Blech heben. Jedes Rechteck mit einem Messer in 10 gleich große „Würstchen" schneiden. Diese im Kühlschrank kühl stellen.

Den Keramikgrill auf 200 °C erhitzen.

Für die Sauce in der Zwischenzeit Joghurt, Granatapfelsirup, Minze, Tomatenflocken und Chiliflocken zu einer Sauce verrühren. Grantapfelsirup nach Belieben unterrühren. Mit Salz und Pfeffer würzen.

Die Kebabröllchen genau wie Bratwürste auf dem Grill direkt von beiden Seiten 2–3 Minuten braun braten. Die Außenseite sollte schön karamellisieren. Die braun gegrillten Kebabs auf die Seite zum indirekten Grillen ziehen und ganz entspannt fertig garen lassen.

Den in Streifen geschnittenen Salat, die Avocadowürfel und die Granatapfelkerne auf 6 Teller verteilen. Mit Granatapfelsirup, Tahin und einem großzügigen Klecks Joghurtsauce beträufeln. Darauf die heißen saftigen Kebabs anrichten. Dazu frisches türkisches Fladenbrot servieren.

FASANEN-CURRY

4-6 PERSONEN

250 g Fasanenbrust, in 1 ½ cm große Würfel geschnitten und mit gelber Currypaste (aus dem Asialaden) gewürzt

150 g Fasanenkeule, in 5 mm große Würfel geschnitten und mit gelber Currypaste gewürzt

150 g Tofu, in 1 ½ cm große Würfel geschnitten

6 EL Öl (nach Belieben, z. B. Sonnenblumenöl), zum Braten

1 TL gelbe Currypaste

10 g Knoblauch, geschält und fein gehackt

10 g frischer Ingwer, geschält und fein gehackt

1–2 Chilischoten, grob gehackt

50 g Cashewnüsse

2 EL Sojasauce

150 ml Kokosmilch

80 g Babyspinatblätter oder Mangoldblätter, grob gehackt

50 g Mungobohnensprossen

Salz und frisch gemahlener schwarzer Pfeffer

Die Wokpfanne für den Keramikgrill stark erhitzen und Fasanenkeule und Tofu im heißen Öl anbraten, bis beides knusprig und goldbraun ist. Die mit der Currypaste gewürzte, gewürfelte Fasanenbrust kurz anbraten. Auf einem Küchenpapier abtropfen lassen. Beiseitestellen.

Knoblauch, Ingwer, Chili und Cashewnüsse in das Öl geben und 3 Minuten braten. Dann das gebratene Fasanenfleisch, Sojasauce, Kokosmilch und Spinat (oder Mangold) zugeben und alles 2 Minuten bei geringer Hitze leicht köcheln lassen. Vor dem Servieren die Sprossen und den gebratenen Tofu zugeben und mit Salz und Pfeffer würzen.

Dazu gegarten Reis servieren. Oder das Curry in Chinakohlblätter wickeln und als Wrap servieren. Ein wunderbares Fingerfood. Eine dieser genialen Geschmacksbomben!

KNUSPRIGER SCHWEINE-BRATEN MIT KÜMMEL-DÄMPFKRAUT

FABIAN BECK

4–6 PERSONEN

Für den Braten

1,2 kg Schweinebraten mit Schwarte (Schulter, Bauch, Rücken …)

1 l Wasser

50 g Salz

Salz, Pfeffer, Kümmelpulver, Curry und Paprika

2 l Bier

Für das Kümmel-Dämpfkraut

1 Kopf Weißkraut

Kümmel, ganz

Salz und Pfeffer

Ich stelle wieder eine 5-%-ige Salzlake her, dazu nehme ich 50 g Salz und einen Liter Wasser, vermischen dies und spritze die Lake in den Schweinebraten. Dann würze ich den Braten mit Salz, Pfeffer, Kümmel, Paprika und etwas Curry. Die Gewürze reibe ich auf das Fleisch, jedoch muss man aufpassen, dass die Schwarte nichts abbekommt, denn beim Überkrusten wird die Schwarte dann zu dunkel und bitter.

Beim Grillen sollte man einiges beachten. Den Monolith baue ich wie folgt auf: Glut – Deflektorstein – großer Rost – Rosterhöhung – Wasserschale mit Bier – kleiner Rost – Schweinebraten

Ich nehme die Wasserschale, befülle sie mit einem Bier und lege den Rost in die Wasserschale. Dann platziere ich den Schweinebraten mit der Schwarte nach unten auf dem Rost. Die Schwarte muss immer feucht bleiben, dann knuspert diese zum Schluss schön auf. Die Wasserschale stelle ich mitsamt dem Braten in den Grill und lasse ihn bei ca. 100 °C langsam durchziehen. Bei einer Kerntemperatur von ca. 75 °C nehme ich das Fleisch aus dem Grill, mache alle Entlüftungen auf und bringe den Monolith auf ca. 250 °C. In dieser Zeit drehe ich mein Fleisch und übergieße es nochmal mit Bier, nehme das Salz und reibe die Schwarte damit ein. Dann lege ich den Schweinebraten in den Monolith und lasse die Kruste aufpoppen.

KÜMMEL-DÄMPFKRAUT

Das Weißkraut in 4 Teile schneiden und den Strunk herauslösen. Die einzelnen Blätter mit den Händen ablösen. Den Monolith wieder mit einer großen Wasserschale bestücken und einen Rost darüberlegen. Die Weißkrautblätter auf dem Rost verteilen, mit Salz, Pfeffer und Kümmel bestreuen. Dann wieder eine Schicht Kohlblätter darüberlegen und würzen und dies so lange wiederholen, bis das Weißkraut aufgebraucht ist. Ca. 2 Stunden bei 100 °C ziehen lassen. Dieses Gericht kann man super neben dem Schweinebraten mit in den Grill legen.

SPARE RIBS MIT BBQ-SAUCE

4–6 PERSONEN

Für die Spare Ribs

4 Leitern Spare Ribs vom Schwein (aus dem Rücken oder aus der Brust)

Salz und Pfeffer

Paprika- und Currypulver

Für die BBQ-Sauce

2 Knoblauchzehen, gehackt

2 Zwiebeln

2 Äpfel

2 Löffel Tomatenmark

200 g Zucker

400 ml Brühe

200 ml Essig

Kümmel

Öl

Auf der unteren Seite der Spare Ribs ist eine Silberhaut, sie sollte unbedingt abgezogen werden, dies funktioniert mit einem Löffel sehr gut. Mit der Löffelspitze etwas am Knochen kratzen und mit dem Löffelrücken unter die Hautschicht fahren. So löst sich die Haut sehr leicht vom Knochen und Fleisch.

Mit Salz, Pfeffer, Paprikapulver und Currypulver würzen, dabei alles richtig mit den Händen einmassieren. Bei 110 °C indirekt mit einer Wasserschale im Monolith garen. Garzeit ca. 3 bis 4 Stunden, kommt ein wenig auf das Tier an. Das Fleisch sollte sich gut von den Knochen lösen, jedoch sollten die Knochen nicht aus dem Fleisch fallen.

BBQ-SAUCE

Die Zwiebeln würfeln und in Öl anschwitzen, ruhig etwas Farbe annehmen lassen. In der Zwischenzeit die Äpfel schälen und in walnussgroße Stücke schneiden. Mit in den Topf geben und ebenfalls anschwitzen. Diese mit etwas Zucker bestreuen und karamellisieren lassen. Das Tomatenmark und den Knoblauch in den Topf geben und etwas verrühren. So kann ich den Bräunungsgrad der Sauce bestimmen, das Tomatenmark und der Zucker sollten allerdings nicht verbrennen, sonst wird die Sauce bitter. Mit dem Essig ablöschen, den Kümmel zugeben und die Brühe aufgießen. Die Sauce ruhig etwas köcheln lassen, bis sie die gewünschte Konsistenz erreicht hat. Dann mit einem Pinsel auf die Spare Ribs auftragen und einziehen lassen. Dies mache ich gerne eine Stunde vor dem Servieren. Dann kommt die Sauce richtig zur Geltung.

RUSSEN-SPIESSE

6–8 PERSONEN

Den Namen haben die Speiße bei mir, weil ich die Art, das Fleisch einzulegen, bei russischen Geflügelzüchtern gelernt habe.

800 g Schweinenacken
600 g Zwiebeln
100 g Knoblauch, gehackt
80 g Salz
Pfeffer, Paprika, Curry
Thymian, Kümmel
1 Liter Mineralwasser, spritzig

Den Schweinenacken in grobe Stücke schneiden. Die Zwiebeln schälen, vierteln und über das Fleisch geben. Das Fleisch und die Zwiebeln mit dem Knoblauch bestreuen. Die Gewürze hinzugeben und gut durchmischen. Zum Schluss das Mineralwasser darüber geben, nochmals kurz verrühren und das Ganze mit Folie abdecken. Diese Vorbereitung sollte man einen Tag vorher machen, damit das Fleisch den wunderbaren Geschmack der Zwiebeln, des Knoblauchs und der Gewürze aufnimmt, außerdem wirkt sich die Kohlensäure des Mineralwassers sehr positiv auf die Zartheit des Fleisches aus.

Am nächsten Tag die Fleischstücke abwechselnd mit den Zwiebeln auf die Spieße stecken und bei direkter Hitze auf der Rotisserie garen lassen, bis die gewünschte Bräune erreicht ist.

Ich empfehle immer, die Glut im Monolith etwas ungleichmäßiger zu verteilen, so habe ich verschiedene Garzonen im Grill und kann die Spieße bei Belieben umhängen, um besser mit der Hitze spielen zu können.

STEPHAN STOHL

SALAT MIT GEGRILLTEM CHICORÉE & ESTRAGON-ORANGEN-ENTENBRUST

4–6 PERSONEN

Für den Chicorée

- 4 Chicorée
- Rohrzucker
- 1 Bio-Orange
- Olivenöl
- Himbeeressig
- Meersalz
- Pfeffer aus der Mühle

Für die Estragon-Orangen-Entenbrust

- 2 Entenbrüste
- 1 Bio-Orange
- 2 Zweige Basilikum
- 2 Zweige Estragon
- 10 ganze Körner Kubebenpfeffer
- Meersalz

CHICORÉE

Den Chicorée der Länge nach halbieren und die Schnittfläche mit Rohrzucker bestreuen. Bei milder Hitze langsam grillen. Zuerst auf der Schnittfläche grillen, danach umdrehen und etwas Olivenöl in den Chicorée träufeln. In eine flache Schale legen mit Olivenöl, Saft der Orange, Salz und Pfeffer würzen, nur einige Tropfen Himbeeressig darüber träufeln.

ESTRAGON-ORANGEN-ENTENBRUST

Am Vortag die Entenbrüste braten und warm marinieren. Dazu auf der Hautseite einschneiden und auf der Plancha langsam anbraten. Bei milder Temperatur beginnen, damit das Fett langsam aus der Haut austreten kann. Wenn die gewünschte Bräunung erreicht ist, auf die Innenseite drehen und im geschlossenen Grill zu Ende garen, also bis zu einer Kerntemperatur von 60° C. Hierzu am besten einen Kerntemperaturmesser benutzen. Orangen in Scheiben schneiden, Estragon- und Basilikum-Zweige darauf verteilen, Pfefferkörner darüber streuen. Die ganzen Entenbrüste darauf legen und über Nacht marinieren. Man kann auch alles vakuumieren, dann ziehen die Aromen noch besser ein.

Vor dem Servieren die Hautseite der Entenbrust noch einmal kurz auf der Plancha knusprig grillen. Dann in dünne Scheiben schneiden und auf dem gegrillten Chicorée anrichten.

WILDE ENTE – WILDENTENBRUST, GESMOKTER SELLERIE, KRÄUTERSEITLINGE

FABIAN BECK

6 PERSONEN

Für die Wildente

4 Wildentenbrüste

2 Zweige Rosmarin

Salz, Pfeffer und Olivenöl

Für den Sellerie

1 Sellerie

50 g Butter

Salz und Pfeffer

Für die Pilze und Zwiebeln

300 g kleine Kräuterseitlinge

2 rote Zwiebeln

2 Zweige Thymian

50 g Zucker

2 Knoblauchzehen

Salz, Pfeffer und Olivenöl

WILDENTE

Die Wildentenbrust mit etwas Rosmarin, Salz und Pfeffer würzen. Zum Schluss mit etwas Olivenöl einreiben und 2–3 Stunden ziehen lassen.

Einen halben Deflektorstein einsetzen und die Wildentenbrust auf einem Gussrost direkt grillen, bis ein schönes Grillmuster entstanden ist. Danach noch indirekt bis auf 55 °C Kerntemperatur durchziehen lassen. Bevor ich die Entenbrust anschneide, lasse ich sie noch ca. 2 Minuten ziehen, so kann sich der Fleischsaft etwas sammeln und ich habe eine schönere Farbe.

SELLERIE

Den Sellerie mit Schale waschen. Bei ca. 120 °C 4–5 Stunden indirekt im Grill ziehen lassen, bis das Innenleben weich und saftig ist. Danach die Schale entfernen und den weichen Sellerie in Scheiben schneiden. Eine Flocke Butter und Salz und Pfeffer darüber streuen.

PILZE UND ZWIEBELN

Die roten Zwiebeln schälen und in Stücke schneiden, dann mit den Pilzen abwechselnd auf den Spieß aufspießen. Den Thymian und den Knoblauch fein schneiden und in Olivenöl, Zucker, Salz und Pfeffer verrühren. Mit einem Pinsel den Pilz-Zwiebelspieß mit dem Kräuteröl einpinseln und mit der Rotisserie über der direkten Glut grillen, bis beides eine schöne Farbe hat.

STEPHAN STOHL

GESCHMORTES MAISHÄHNCHEN MIT GEMÜSE

2–3 PERSONEN

- 1 Bio-Maishähnchen
- 2 Karotten
- 2 Petersilienwurzeln
- 2 kleine Fenchelknollen
- 2 rote Zwiebeln
- 4 Knoblauchzehen
- 1 frisches Lorbeerblatt
- 4 Langpfeffer
- 2 grüne Kardamomkapseln
- 2 EL Rapsöl
- grobes Meersalz
- Fleur de Sel
- 100 ml Weißwein
- 200 ml Hühnerbrühe
- 80 g Butter

Das Maishähnchen abwaschen und trockentupfen, mit Salz einreiben. Karotten, Petersilienwurzeln und Fenchel putzen und in längliche Stücke schneiden.

Die Zwiebeln schälen und vierteln, den Knoblauch schälen und andrücken. Den Grill auf 250 °C aufheizen und einen Gusstopf über die Glut stellen. Das Gemüse im heißen Öl anschmoren, Lorbeer, Langpfeffer und zerdrückte Kardamomkapseln dazu geben. Etwas Farbe nehmen lassen. Den Wein aufgießen und aufkochen. Die Brühe aufgießen und aufkochen. Beiseitestellen, den Grill mit einem Deflektorstein versehen und eine „zweite Ebene“ einbauen.

Nun das Hähnchen mit der Brustseite in den Topf legen, den Deckel auflegen und für ca. 45 Minuten bei 200 °C im geschlossenen Grill schmoren. Jetzt die Temperatur erhöhen, dafür den Luftschieber unten maximal öffnen, den Deckel vom Topf abnehmen und im geschlossenen Grill das Hähnchen goldbraun grillen. Das dauert ca. 10 Minuten. Die Hähnchenbrüste auslösen, auf einen Teller legen und abdecken. Den Teller mit einem Tuch abdecken und beiseitestellen. Das restliche Hähnchen noch einmal 30 Minuten, wieder mit geschlossenem Topfdeckel, zu Ende schmoren. Die Butter in den Schmorsud einschwenken und mit Salz abschmecken. Die Brüste wieder auf dem Hähnchen platzieren, mit etwas Fleur de Sel bestreuen und zusammen mit dem Gemüse servieren.

STEPHAN STOHL

HÄHNCHEN TANDOORI MIT BASMATI-REIS

3 PERSONEN

Für das Hähnchen

2 Maishähnchenbrüste, mit Haut

4 EL griechischer Joghurt

1 Orange, der Saft

1 EL Tandoori-Gewürz

2 schwarze Kardamomkapseln, der Samen

2 grüne Kardamomkapseln, der Samen

1 TL Kreuzkümmel

4 Knoblauchzehen

1 Stück Ingwer, 4 cm

2 grüne Chilischoten

1 TL grobes Meersalz

Für den Basmati-Reis

1 Tasse Basmati-Reis

1,5 Tassen Hühnerbrühe

4 Korianderzweige

½ rote Paprika

½ gelbe Paprika

1 kleine rote Zwiebel

1 TL feines Meersalz

1 EL Butter

Alle trockenen Gewürze zusammen mit dem groben Meersalz im Mörser fein mörsern und die Chilis fein hacken. Den Knoblauch andrücken und fein hacken, den Ingwer fein reiben. Alles mit dem Orangensaft und dem Joghurt vermengen. Jede Hähnchenbrust der Länge nach in 3–4 Streifen schneiden und über Nacht in die Joghurt-Marinade legen.

Die Paprika und die Zwiebel in kleine Würfel schneiden und mit der Butter in einer flachen Cocotte andünsten und salzen. Den Koriander klein hacken und dazugeben. Den Reis kurz im Gemüse mit anbraten, die Brühe angießen und mit Salz abschmecken. Alles kurz aufkochen, den Deckel auflegen und bei milder Hitze gar ziehen lassen.

Die marinierte Hähnchenbrust auf einen großen Spieß stecken und über kräftiger Hitze von 280 °C grillen. Am besten ist es, wenn man die Glut nicht direkt unter dem Spieß platziert oder den Spieß über einen halben Deflektorstein hängt, damit kein Fett direkt in die Glut tropfen kann.

PARMESANKRAPFEN MIT TOMATENSUGO

FABIAN BECK

6–8 PERSONEN

Für die Krapfen

500 g Parmesan, gehobelt

3 Eier

½ Päckchen Backpulver

200 g Mehl

Salz und Pfeffer

Nach Belieben: Knoblauch, Kräuter (z. B. Rosmarin, Thymian …)

Für das Tomatensugo

4 Tomaten

2 EL Tomatenmark

1 Zwiebel

Olivenöl

Thymian, Knoblauch und Rosmarin

50 g Zucker

Salz und grober Pfeffer

KRAPFEN

Die Eier mit dem Mehl und dem Backpulver verrühren, den Parmesan hinzugeben. Die fein gehackten Kräuter und den Knoblauch unterrühren. Mit Salz und Pfeffer abschmecken.

Ein Backpapier auf die Größe des Pizzasteins zuschneiden. Mit 2 Löffeln Nocken abstechen und darauf setzen. Zwischen den Nocken immer etwas Platz lassen, denn sie gehen noch auf.

Bei indirekter Hitze von 150 °C ca. 15 Minuten backen, die Zeit hängt etwas von der Größe der Krapfen ab. Am besten bereitet man ein paar mehr vor, dann fällt auch mal ein „Probiernascherle" ab!

TOMATENSUGO

Die Zwiebel in feine Würfel schneiden, in etwas Olivenöl farblos anschwitzen. Mit etwas Zucker bestreuen und leicht karamellisieren lassen. Die Kräuter, den Knoblauch und das Tomatenmark hinzugeben und verrühren. Mit der Gemüsebrühe auffüllen und gut aufkochen lassen. In der Zwischenzeit die Tomaten in feine Würfel schneiden, ebenfalls in den Topf geben und nur noch kurz aufkochen lassen. In eine Schale umfüllen und als Dip zu den Krapfen servieren.

GERÄUCHERTE POLENTA MIT MORCHELN

4 PERSONEN

Für die Polenta

250 g grobes Polentamehl

1 Zwiebel, gewürfelt

1 Lorbeerblatt

1 Rosmarinzweig, abgezupft und gehackt

½ Knoblauchzehe, gehackt

50 ml trockener Sherry

1,5 l Kalbsfond

30 g Butter, in Stückchen

50 g geriebener Parmesan

100 g Provolone, gewürfelt

Salz und Pfeffer

Für die Morcheln

80 g Morcheln

20 ml Weinbrand

20 ml Portwein

50 ml Sahne

50 ml Gemüsefond

Salz, Pfeffer und Muskatnuss

Buchenholz-Pellets

Das Polentamehl am besten in ein Mehl- oder ein Edelstahlsieb geben, im Monolith ein kleines Glutnest anzünden und die noch ungekochte Polenta 15 Minuten bei 80 °C mit Buchenholz-Pellets räuchern. Dann in einem Topf die Zwiebelwürfel glasig anschwitzen, Rosmarin und Knoblauch dazugeben und mit Sherry ablöschen. Den Fond zugeben und aufkochen lassen. Die geräucherte Polenta einrühren und unter ständigem Rühren aufkochen. Die Hitze reduzieren und regelmäßig umrühren, bis die Polenta fertig ist. Das kann bis zu 2,5 Stunden dauern. Zum Schluss den Parmesan, die Butter und den Provolone zugeben und mit Salz und Pfeffer würzen.

Eine rechteckige Form mit Klarsichtfolie auslegen, die Polenta hineingeben, glatt streichen und fest werden lassen. Das kann mehrere Stunden dauern. Man kann sie auch schon einen Tag vorher zubereiten und über Nacht im Kühlschrank fest werden lassen.

Die Morcheln ca. 2 Stunden in kaltem Wasser einweichen und danach vom Sand befreien, in Butter sautieren, mit Weinbrand ablöschen und dann den Portwein zugeben. Wenn der Alkohol verdampft ist, die Sahne und den Fond zugeben und mit Salz, Pfeffer und Muskatnuss abschmecken.

Die Polenta in 3 x 3 cm große Würfel schneiden und auf der Plancha bei ca. 140 °C braten, bis die Unterseite knusprig ist. Die Polentawürfel dann rundum knusprig braten und zu den Morcheln servieren.

JE LÄNGER DIE POLENTA QUELLEN KANN, UMSO BESSER UND CREMIGER WIRD SIE …

STEPHAN STOHL

STEINPILZE MIT ESTRAGON UND ORANGE

4 PERSONEN

400 g Steinpilze
4 Estragonzweige
1 Bio-Orange
1 Bio-Zitrone
Olivenöl
Fleur de Sel
Pfeffer aus der Mühle

Die Steinpilze putzen und der Länge nach in 3 mm dicke Scheiben schneiden. Da die Steinpilzsaison kurz ist, friere ich immer kleine, feste Steinpilze ein. Diese lässt man leicht antauen und schneidet sie dann im halb gefrorenem Zustand. Danach sofort weiterverarbeiten. Die Pilzscheiben auf dem Gussrost bei mittlerer Temperatur von beiden Seiten grillen und salzen. Die Pilze auf Estragon und Orangenscheiben legen, mit etwas Zitronensaft beträufeln. Mit Pfeffer würzen und mit kräftigem Olivenöl bedecken. 1–2 Tage ziehen lassen und dann zu gegrilltem Brot oder zum Salat servieren.

MARINIERTE ARTISCHOCKEN

5 PERSONEN

STEPHAN STOHL

- 10 kleine Artischocken
- 2 Zitronen
- Rapsöl

- 1 Thymianzweig
- 1 Ysopzweig
- 4 Stängel glatte Petersilie
- 1 kleine Knoblauchzehe
- ½ Zitrone, der Saft
- 1 EL Weißweinessig
- 50 ml bestes, kräftiges Olivenöl
- feines Meersalz
- Pfeffer aus der Mühle

ARTISCHOCKEN GRILLEN ...

Die Zitronen auspressen und den Saft in 1 l kaltes Wasser schütten, die Schalen mit dazu geben. Die Artischocken putzen. Dafür die äußeren harten Blätter entfernen und ca. ein Drittel der Spitze abschneiden. Eventuell mit einem Teelöffel das Heu aus der Mitte entfernen. Die Artischocken jetzt sofort in das Zitronenwasser legen.

Eine Plancha über der Glut im geschlossenen Keramikgrill erhitzen. Nicht zu heiß werden lassen, also nicht über 240 °C gehen, damit man die Artischockenherzen langsam garen kann. Die Artischocken abtropfen lassen und auf der Plancha 10–15 Minuten von allen Seiten grillen.

... UND MARINIEREN

Für die Marinade Zitronensaft, Essig und Öl in einer Schale mischen. Knoblauch fein hacken und untermischen. Thymian-, Ysop- und Petersilienblätter zupfen und dazugeben. Gegrillte Artischocken zur Marinade geben, mit Salz und Pfeffer würzen und 30 Minuten ziehen lassen.

PAVLOVA MIT RUM-VANILLESAUCE

6–8 PERSONEN

4 Eier
150 g Zucker
1 TL Essig
1 TL Mondamin
250 g gemischte gefrorene Früchte
200 ml Sahne, geschlagen
1 Prise Salz

für die Vanillesauce
50 g Zucker
50 ml Rum
350 ml Kaffeesahne
2 Vanilleschoten, das Mark

Die Eier sehr sauber trennen, es darf kein Eigelb in das Eiweiß kommen. Das Eigelb zur Seite stellen für die Vanillesauce – falls gewünscht und ganz nach Geschmack.

Nun das Eiweiß, den Essig und die Prise Salz mit dem Mixer schaumig rühren. Dann erst den Zucker – Löffel für Löffel – zugeben, am Ende das Mondamin hineingeben und noch einmal glatt rühren. Jetzt auf einem Backblech mit Backpapier die Masse in einen Kuchen oder individuelle Törtchen formen und im Grill indirekt bei 150 °C ca. 20 Minuten goldbraun ausbacken.

Die Kaffeesahne und das Vanillemark bis kurz vor dem Aufkochen erhitzen. Währenddessen das Eigelb mit dem Zucker cremig schlagen. Dann die heiße Sahne langsam dem Eigelb unter Rühren zugeben. Nun die Schüssel auf einen Topf mit kochendem Wasser stellen und so lange erneut unter Rühren erhitzen, bis sich eine feste, cremige Konsistenz einstellt. Vanillesauce durch ein Sieb geben und warm oder kalt servieren.

Nach den Abkühlen der Pavlova diese mit Sahne und gefrorenen Früchten garnieren und mit der warmen, hausgemachten Rum-Vanillesauce servieren.

POCHIERTER CHEESECAKE

4–6 PERSONEN

Für den Cheesecake

350 g Frischkäse

3 Eier, getrennt

50 g Naturjoghurt

100 ml Sahne

70 g Zucker (man kann auch hellen Rohrzucker verwenden)

½ Vanilleschote

20 g Mehl Type 405

15 g Stärke (wahlweise Mais- oder Kartoffelstärke)

1 EL Zitronensaft

½ Zitrone, der Abrieb

kleine Förmchen

etwas Butter für die Förmchen

Für die marinierten Beeren

125 g gemischte Beeren

40 g Zucker

20 g Butter

50 ml Johannisbeersaft

1 Sternanis

1 kleines Stück Zimtstange

Zur Dekoration:

frische Minzblätter oder Zitronenmelisse und Puderzucker

Die Förmchen einbuttern und mit Zucker ausstreuen. Den Grill auf 160 °C (indirekt) vorbereiten.

Den Frischkäse in einer Schüssel cremig rühren, die Sahne und den Naturjoghurt untermischen. Die Hälfte des Zuckers, die Eigelb, das ausgekratzte Vanillemark, den Zitronensaft und -abrieb zugeben und alles cremig und glatt rühren. Die Stärke und das Mehl mischen und zusammen unter die Käsemischung heben.

Das Eiweiß mit dem restlichen Zucker sehr steif schlagen und in zwei Tranchen unter die Käsecreme heben. Dabei sehr vorsichtig und mit einem Spatel arbeiten, damit die Struktur des Eischnees nicht zerstört wird. Dann die Masse in die vorbereiteten Förmchen geben – jede Form nur zu 2/3 füllen. Eine Blechschale (Reine) zu 1/3 mit heißem Wasser füllen, die Förmchen hineinstellen und etwa 16 Minuten backen. Die Oberfläche soll fest sein und keine Risse bekommen. Wenn der Cheesecake oben doch einreißt, dann war die Temperatur zu hoch.

Für die Beeren den Zucker in einer kleine Pfanne auf dem Grill karamellisieren lassen und dann die Butter zugeben, mit dem Johannisbeersaft ablöschen, um das Karamell aufzulösen. Die Gewürze zugeben und 5 Minuten ziehen lassen, dann die Beeren einrühren, lauwarm werden lassen und nicht mehr kochen. Dadurch werden sie nicht zu sehr verkocht und haben noch etwas Biss.

Nach Geschmack mit Minze oder Zitronenmelisse und Puderzucker dekorieren.

STAUB
STAUB
STAUB
STAUB

DUKATENNUDELN MIT VANILLESAUCE

6–8 PERSONEN

Für die Dukatennudeln

200 g Mehl
175 ml Milch
15 g frische Hefe
40 g Zucker
50 g Butter
2 Eigelb
1 Prise Salz
1/3 Zitrone, der Abrieb
Butter zum Einstreichen
4 TL Rohrzucker

Für die Vanillesauce

0,4 l Milch
1 Vanilleschote
120 g Zucker
3 Eigelb
125 g Sahne
20 g Maisstärke
1 TL brauner Jamaika Rum

STEPHAN STOHL

Zuerst einen kleinen Vorteig herstellen. Die Milch erwärmen, in einem schmalen, hohen Topf die Hefe mit 50 ml warmer Milch, 1 TL Zucker und 2 EL Mehl verrühren. An einen warmen Ort stellen. Wenn der Vorteig merklich aufgegangen ist und sich fast verdoppelt hat, die restliche Milch mit der Butter erwärmen und mit dem Vorteig, dem Eigelb, der Prise Salz, dem restlichen Zucker und den Zitronenabrieb in einer flachen Schüssel zu einem glatten Teig verrühren. Jetzt den Teig auf eine Arbeitsplatte stürzen und so lange schlagen, bis er sich von der Arbeitsplatte löst und sich zu einer Kugel formen lässt. Nicht die Geduld verlieren, zunächst sieht so aus, als wäre alles zu feucht, aber es wird … Den Teig wieder in die Schüssel legen, mit etwas Mehl bestreuen, mit einer Folie abdecken und in die Folie kleine Löcher stechen. An einem warmen Ort ruhen lassen. Nachdem der Teig um ein Drittel aufgegangen ist, noch einmal durchkneten und weitere 10 Minuten ruhen lassen.

Vier gusseiserne Minikasserollen mit reichlich weicher, fast flüssiger Butter ausstreichen, je 1 Teelöffel braunen Zucker einstreuen. Aus dem Teig kleine Kugeln mit einem Durchmesser von 2,5 cm formen, nebeneinander in die Minikasserollen schichten und mit einem Pinsel in der Butter drehen, damit alles rundherum eingefettet ist. Zudecken und ein weiteres Mal um die Hälfte aufgehen lassen. Den Keramikgrill indirekt auf 200 °C einregeln und die Dukatennudeln in den bedeckten Kasserollen goldbraun backen. Danach direkt stürzen und mit der Vanillesauce anrichten.

VANILLESAUCE

Den Keramikgrill auf gute 280 °C einstellen. Die Vanilleschote der Länge nach aufschneiden, auskratzen und in 2/3 der Milch in einer passenden Kasserolle auf dem Rost kochen. Den Zucker und die Maisstärke vermengen, in die restliche kalte Milch einrühren und mit dem Schneebesen in die kochende Milch einrühren. Noch einmal aufkochen lassen, dann vom Rost nehmen. Sahne und Eigelb miteinander verrühren und die Vanillemilch damit legieren. Den Rum mit einrühren. Abdecken und auskühlen lassen. Nach dem Auskühlen in den Kühlschrank stellen.

STAUB